colors

Kyoko Kikuchi

スタイリスト
菊池京子

12色のファッションファイル

集英社

それぞれの色、それぞれの気持ち。

Twelve colors, Twelve feelings

服を選ぶ時、いつも心のどこかで
大切にしている思い。
それはそのままの自分でいたい、という気持ち。
楽しい日には楽しい日の、
悲しい日には悲しい日の私らしさがあって、
朝、ふと手に取った一枚の服や
なんとなく着たくなるスタイルは、
一番にそれを教えてくれる。
どんな女性として、一日を過ごそう。
色とりどりの気持ちと会話しながら、
クローゼットから服を選ぶ。
その日の着こなしをあれこれ考える。
……私の大好きな時間。

さあ、今日はどんな服を着ようかな？

contents

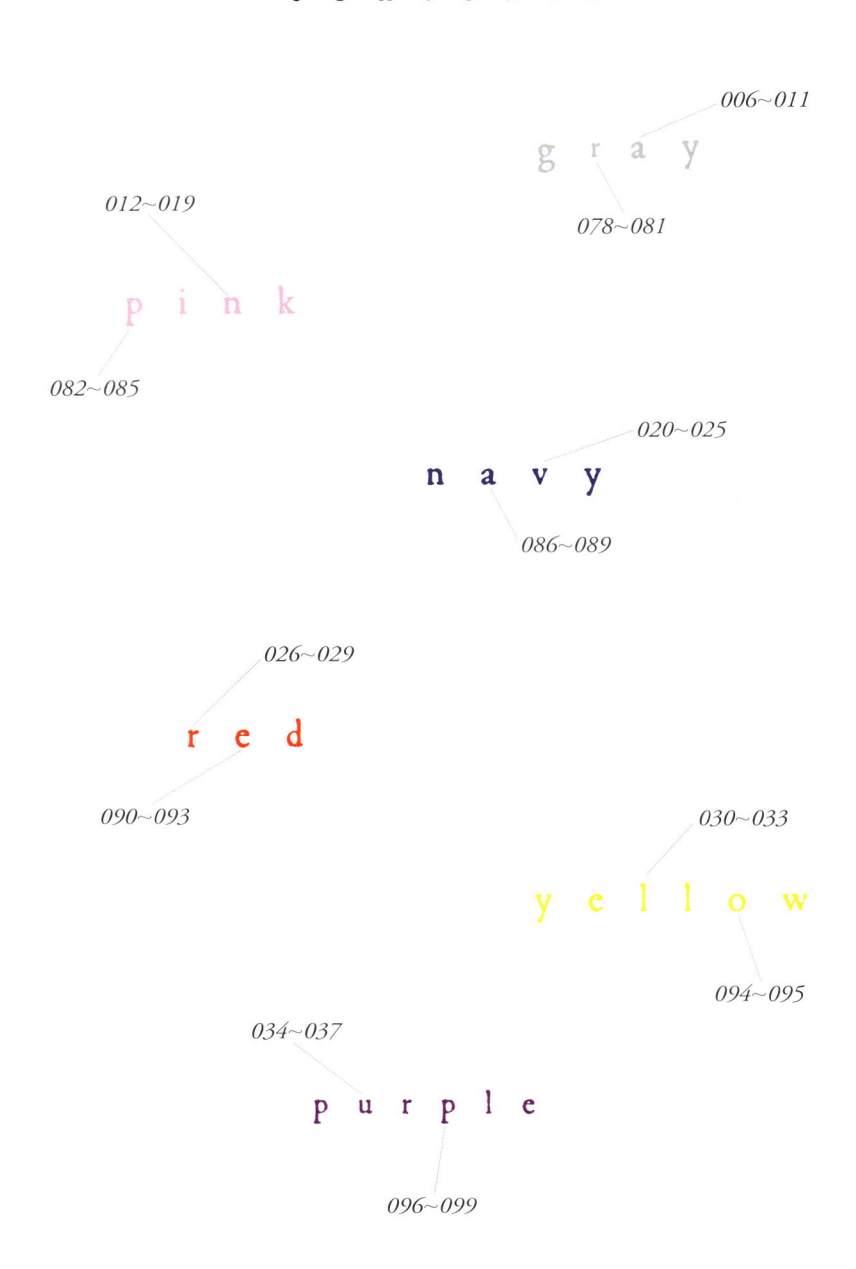

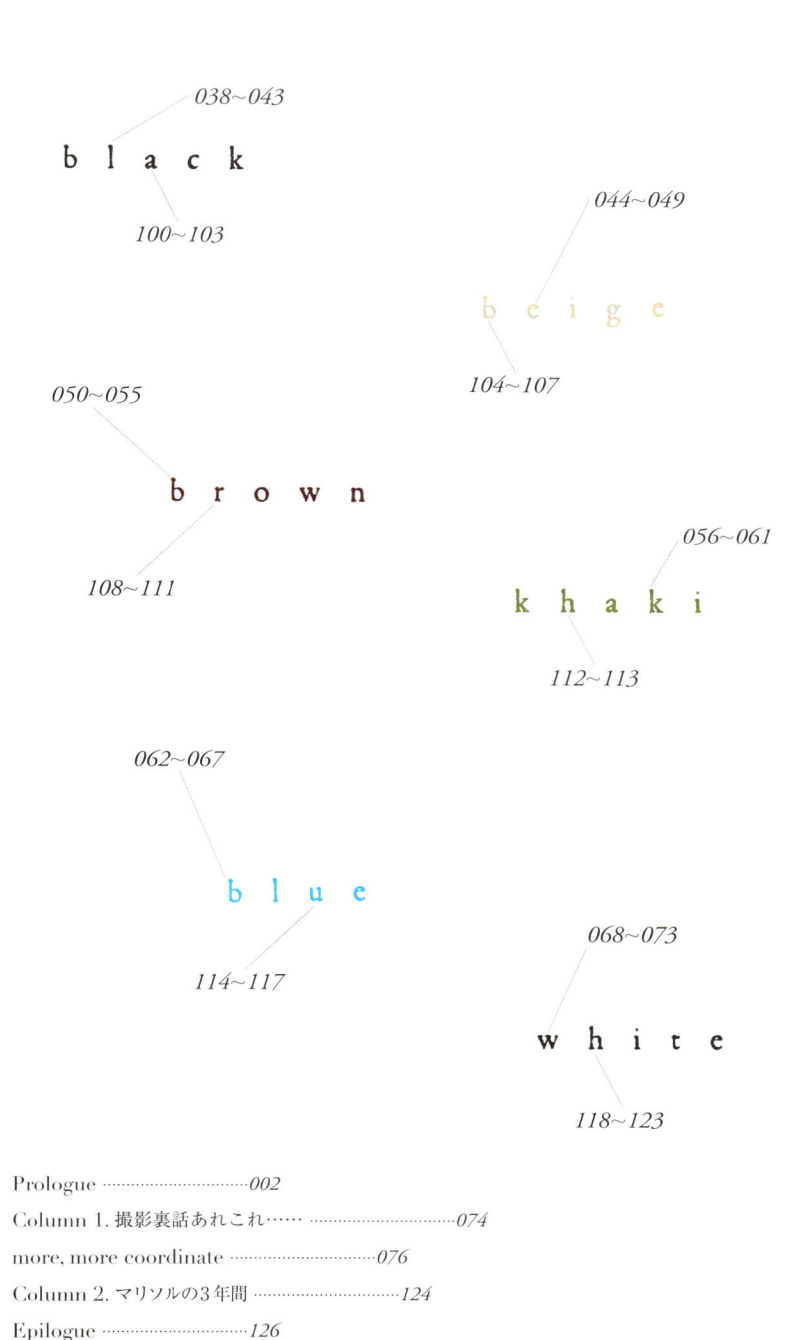

gray

馴じむ 溶け込む

Gray：なんでもない日

まずは、なんでもない日の
フラットな自分に戻るところから始めたい。
街に、人に、気分に、
なじんで溶け込む、グレーという色は、
そのぶん、着る人の中身が
自然に出るんだと思う。
グレーの服を着ると、いつでも素顔に戻れる。
「これが私です」って。
気負わずに。

白×グレーの配色にこだわって、
公園通りの横断歩道で早朝ロケ。

「ピーコート」がテーマの時のカット。
大人の色・グレーだから、スポーティに、
でも女らしさは入れたいと思って。

このニットジャケットがすごく可愛くて、
モデルのTINAに着せたい！ と
すぐにピンときたのを覚えてます。

このページをきっかけに、
それまで見かけなかったような大人の女性が
マウンテンパーカを買いに、
ノース・フェイスのお店にたくさん来たそう。
そういうエピソードを聞くとうれしくなります。

ときどき 着たくなる . . . pink

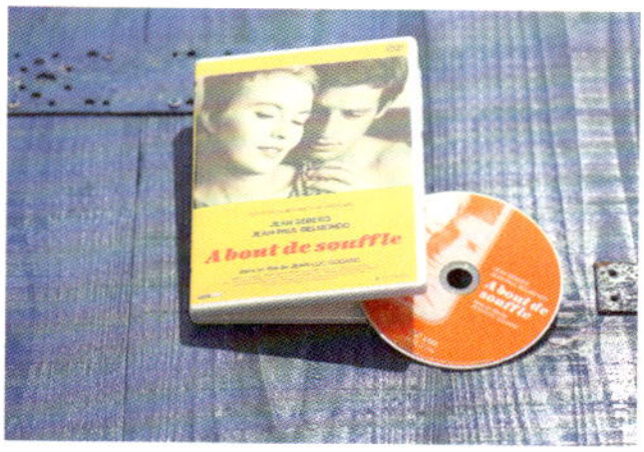

Twelve colors, Twelve feelings

Pink：うるおい

雨上がりの街で
ピンクの特集を撮影した時、
ぬれて銀色に光る道路に、ピンクの服が
お花みたいにいきいきと映えて、
すごくいい写真が撮れたのを覚えています。
誰もがピンクを好きなのは、
フレッシュでみずみずしい生命力に
自然に引き寄せられるからかも。
時々、無性に着たくなって身にまとうと、
心に水をもらったように
ハッピーな気分にしてくれる。
着る人に寄り添って
味方でいてくれる優しい色でもある。
その無垢な可愛さは
いつでも心に、忘れずにいたい。

ピンク×カーゴって、
最高に相性がいいと思う。

気分がパッと華やぐ、パウダーピンクも
時々、無性に着たくなる色。

雨上がりの表参道で。
シルバーに光る地面に、ピンクが映える。

TINAが今よりコンサバっぽい顔してる、
マリソルの連載１年目のカット。
「気分が上がるピンク」という、〝まさに〟なテーマ。

デニムに合わせると、
ピンクがヴィンテージ。
サテンのタンクトップは
まわりの男性に大人気。
光ってツヤのあるものが、
男の人は好きなのかな？

うるおいのあるカラー。ちょっとレトロで、色っぽい。
デニムとピンクも相性がいい。

navy

時間と共に
変わっていく楽しみ。

Navy：味がある

時間がたってアイテムが自分になじんでくると、
ぐっと雰囲気が深まって、味が出てくる。
買ったその日と、５年、10年たったあと、
どちらもそれぞれの魅力で楽しめる。
ネイビーは、生まれ変わる才能のある色。

何度も銀座を走ってもらって撮った、
奇跡の一枚。

これは「パーカ」がテーマの時で、
×ワンピースをやりたくて作ったスタイル。
結果的にオールネイビーに。

リース中に偶然青山で見つけたこの撮影場所。
所有者のかたに、あとから聞いたんですが、
本物のイタリアのレンガを
わざわざ取り寄せて作っているんだそう！
いいものには空気感がある。
それが写真にはちゃんと写るから、おもしろい。
カメラマンの前田さんもノッてました。

正統派のヴィンテージ。
なぜかずっと好きなスタイル。
10代から着てるし、10年後も着てると思う。

red

シネマ気分で着たい

Red : アンナ・カリーナ

なんの映画だったかなあ。
アンナが赤いカーデを着てて、
くっきり濃いアイラインの、強い目のメイクで。
それがとにかくもう、すっごく可愛かった。
その印象が強烈で、
以来、赤と言えばアンナのイメージ。
あのまとめ髪とばっちりメイクのバランス感、
時々マネしたくなる……。
ジェルアイライナーと筆でメイクして、
髪は無造作にまとめて。
朝、時間がなくて、だいたい途中で挫折するんだけど(笑)。

長い付き合いの、
モデルの内田ナナちゃん。
服を着た時、その服の気分を
すごく感じてくれる、
本当に頼れるモデルです。
〝着る気分〟って
私にとってすごく大事。
ナナちゃんが感じとって表現してくれた
表情やムードが、コーディネートに
私が思う以上のプラスアルファの
エネルギーを入れてくれます。
このカットも、そんな
化学変化が起きた一枚。

夏のバカンス。プールサイドの
テラスをイメージしたスタイル。

カっこよさとか
パワーとか・・・

yellow

Yellow：輝く

服のもつパワーとモデルのマインドが
一致する瞬間を見ることがあります。
カメラの中で、
モデルが自分に自信がもてた途端、
表情も歩き方も何もかもが変わって、
急に着こなしがハマり出す。その瞬間。
イエローは、自信がないと着こなせない。
色に助けてもらう前に、
着こなすパワーがないと負けちゃう。
そういう意味で、媚びない、強い色だと思う。
だからこそ自分に自信がある人が身につけると
すごく輝かせてくれる。
本物だけをより輝かせる、太陽みたいに。
レトロに仕上げる時も、
女らしいスタイルでも、
イエローを着るなら
一滴の媚もないかっこいいマインドで臨みたい。

ヘアアーティストTAKÈさんの
品のあるナチュラルヘア。
動いて、ちょっと乱れる、
その瞬間がかっこよく見える
憧れのヘアスタイル！

カトリーヌ・ドヌーブ風の
レトロなタートル×トレンチ。

purple

物語を感じる。

Purple：気品

例えば、表通りから一本入ったところにある、
パリのアンティークショップ。
日本なら京都の老舗。
店のシンと澄んだ冷気と、
歴史と伝統のあるアイテムたち。
パープルのもつ薫りから、
私はそんな風景をイメージします。
日常の中に溶け込んだ気品。
静かに醸し出されるオーラのようなもの。
憧れの色です。

マッキントッシュのコートなら、
パープルが素敵にハマる。
このまま男性がしてもOKな着こなし。

ヴィンテージっぽいスタイルに
×カラータイツをしたいなと思って。

b l a c k

オードリーのタートルニット×カプリ。
永遠に好き。

Black：シック

ミラノで見かけた、真っ白な髪のマダム。
黒いツイードジャケットの袖口から
ブレスレットをちらっとのぞかせて、
ジュエリーはそれだけ。
ヴァン クリーフ＆アーペル。アルハンブラ。
深いブラックのオニキス。
すれ違った瞬間
思わず目が追ってしまって
……なんてかっこいいんだろうと憧れました。
内側ですべてを深く理解しているような、
無言の強さ。
いつかあんなふうに
黒を着こなせる女性になりたいです。

時代的にも、今は黒を
可愛く着たい気分。
ちょっとだけピンクをきかせて。

「黒に、ちょっとだけピンク」の
夏バージョンコーディネート。

パリの街を行く女の子の
黒の着こなしをイメージして。

永遠の王道スタイル、
黒タートル×黒カプリ×トレンチ。

b e i g e

大人のいろ。
ムードのあるいろ。

Beige：健康的エレガンス

エレガントさ、ドレッシーさって
私の中ではナチュラルに着たいもの。
灼《や》けた肌に、ベージュ。
エレガンスのある色だからこそ、
肌色からグラデーションになるような
ドライな着こなしが、
よりセクシーでかっこよく見える。
それが、大好きなバランス。
日射しが似合うムードで着たい。

ココアベージュも好きなトーン。
この髪型もすごくお気に入り！

ベージュといえば、トレンチ。
トレンチを甘く着たくて。
ロールケーキのクリームみたいな色が
おいしそうでしょ？

女性像に合わせてイメージをつくってくれるメイクアップアーティスト
yoboonさんのセンスにはいつも感動します。
ルブタンのピンクベージュパンプス×いつものカーゴ&ボーダー。
メイクはあくまで自然体。この感覚が本当に素敵で、
個人的にも大好きなカットになりました。
このヌーディで艶やかな肌感、憧れのひと言。

カジュアルスタイルに、足もとだけ
ヌーディっていうバランスが好き。

brown

コーヒーの薫り、
ミラノの街、
夏のカゴ。

Brown：リッチ

なぜかブラウンって夏の色のイメージ。
さっきのベージュが
太陽の下だとすると……
木陰の雰囲気。
成熟した女性のイメージがある。
エスプレッソの薫りとか、
老舗のバールの木のカウンターとか、
ミラネーゼの灼けた肌とか、
そういうものを連想するから？
ミラノの夏、木陰のテラスでコーヒーを一杯。
何げない、でも極上のリラックスタイムに
ブラウンは似合う。

リネンのカフタンシャツに
ブラウンっていう色がよく合ってる。
相性のいいリラックスペア。

「ピンク」がテーマの時のカット。
大人っぽくしたくて、ブラウンのカーデに。

コーヒーの薫りが似合う
ブラウンのグラデーション。
ものすごく暑い日のロケでした……。

水色×ブラウンも好き。ヨーロッパ的配色

k h a k i

〝ラフさ〟を感じたい日。

Khaki：セクシー

男性的なアイテムを
女性が着るかっこよさが好き。
特に大人の女性が
甘さを排した、メンズっぽい
装いをしているのって実はすごくセクシー。
ただカジュアルに見せるんじゃなく
どこかにリッチさを感じさせたい。
たぶん年齢を重ねるほど
内面の自信がにじみ出て、
深く、かっこよく似合ってくる色だと思う。

トレンチとパーカを重ねるのは
プライベートでもよくやります。
その色違いスタイル。

ふんわりスカートをここまで
かっこよくできるのって
カーキの力。

このモッズコート、
スタッフに大人気で買い取り続出でした。

恵比寿ガーデンプレイスで、
強風の中撮影しました。
私的定番カーゴスタイル。

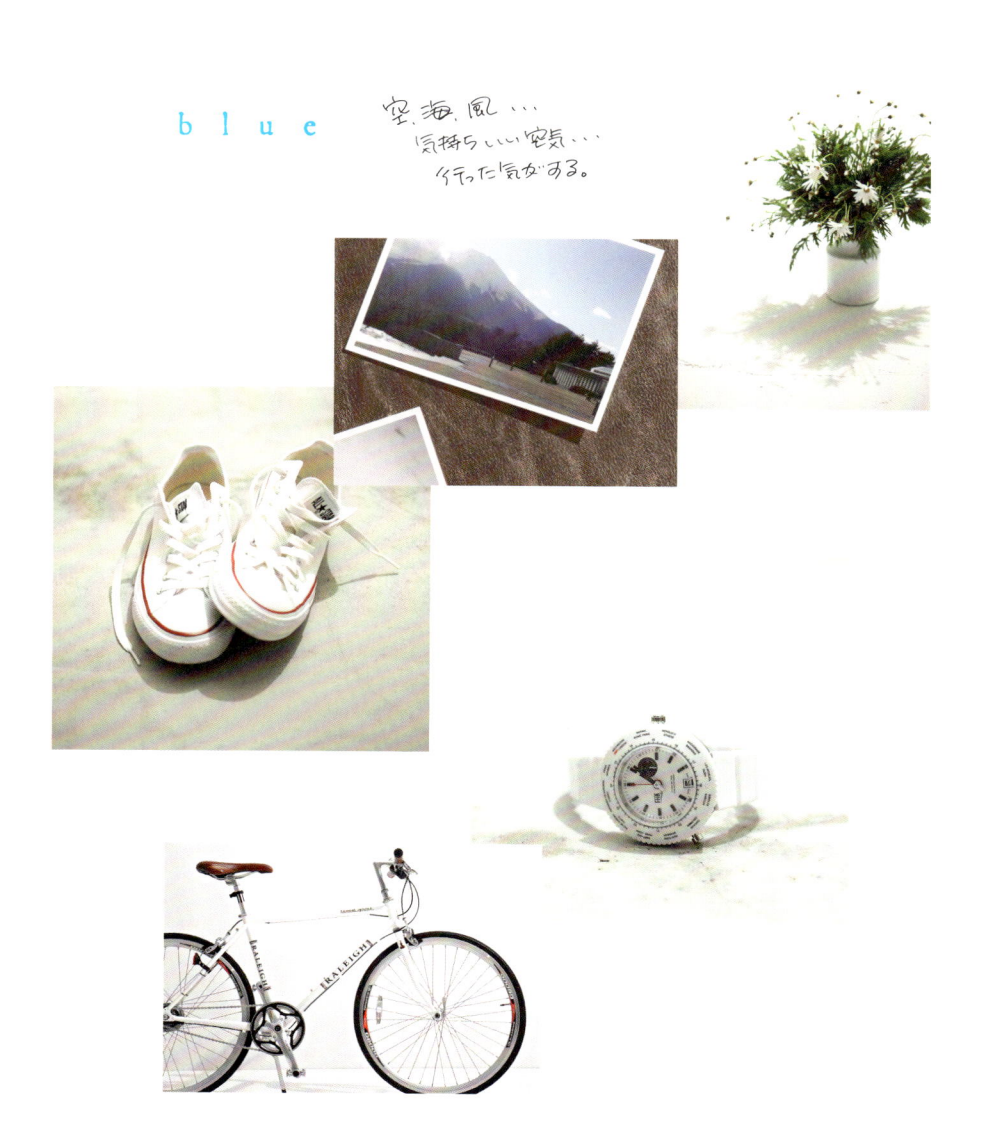

b l u e

空、海、風・・・
気持ちいい空気・・・
行った気がする。

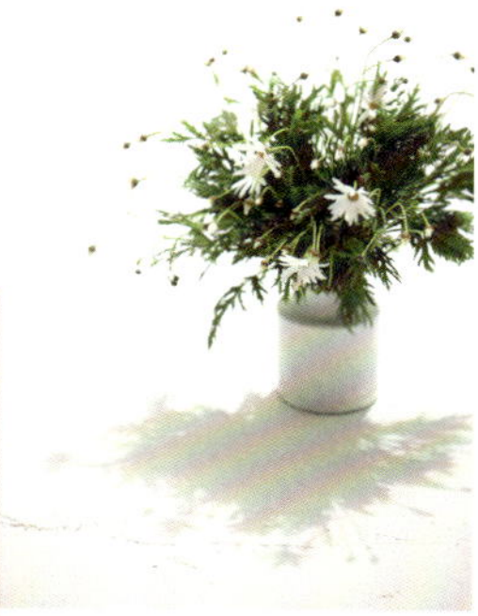

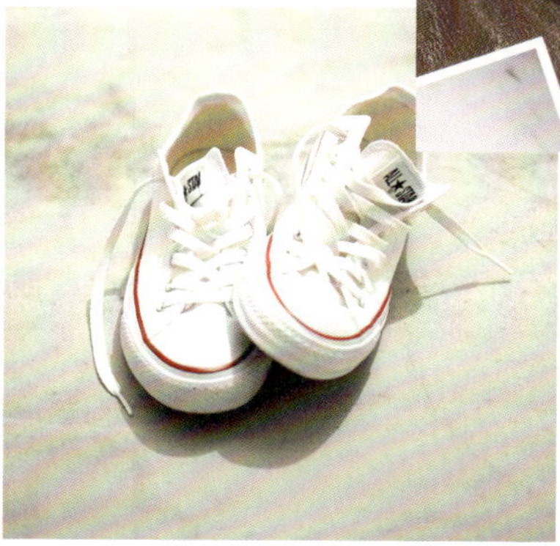

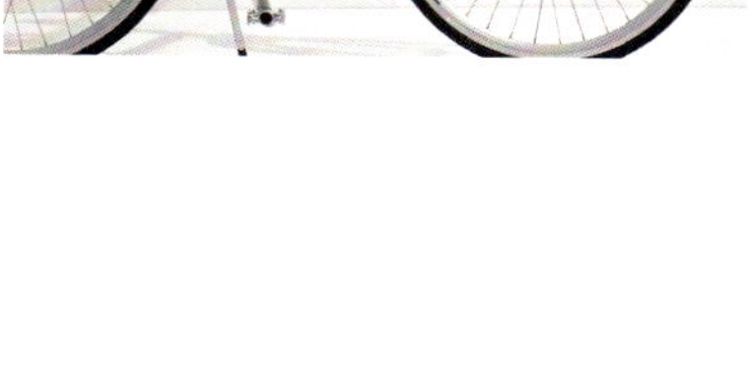

Blue：開放感

カプリ島、サルデーニャ……アドリア海の、
空と海が境目をなくしてしまうような青さ。
鮮やかな青に、こんなにも人の心を
揺さぶるパワーがあるのはどうしてなんだろう？
鳥の声や、川のせせらぎ、風を感じると、
日常の狭い思考からふっと肩の力が抜けて、
世界はこんなに広くて、すがすがしかったんだ
ということを思い出す。
その、果てしなく広がっていくような開放感。
それが味わいたくて、時々、青をまといたくなる。
心に風が吹くように。
どこへでも飛んでいけるように。

ピーコートから少しだけのぞくニット。
この配色を絶対提案したくて、
絶妙なベビーブルーを探しました。

デニムのテーマのワンカット。
このはにかんだハッピーな笑顔が
着こなしにぴったり

サックスブルーの
オックスフォードシャツも
ブルーアイテムの中で特に好きなもの。

３年目の連載モデル、
初々しさが魅力のサンドバーグ直美ちゃん。
彼女はとても知的で、今もニューヨークで
デザインの勉強をしています。
コーディネートや写真のことを
いつも聞いてきて、
いい意味でモデルらしくない、
裏方の作り手側の
ひとりのようなクリエイティブな
雰囲気をもっていました。
彼女のショットの中で
一番好きなのがこれ。
ニューヨークで元気にしてるかな？

w h i t e

終わりじゃなくて、
始まり。

Twelve colors, Twelve feelings

White：リセット

洗いたてのリネンのシーツに、
ころんと横になった時。
すごく晴れた日の朝、
窓を開けて思いきり深呼吸した時。
すべてがクリアになって、リセットされていく。
昨日まで大事にしてた自分や、
愛着をもってた考え方を、
すべて手放してしまう、潔さと気持ちよさ。
空っぽの自分になって、
ここからまた何色にだってなれる。
だからシャンと背すじを伸ばして、
今日も出かけよう。
今日は昨日とは違う、新しい一日なんだから。
まだまだ旅は、続いていくんだから。

黒のパンプスをキュートに見せる
白いふんわりスカート。

マリソル連載のファーストカットです。
白シャツを新鮮に見せたくて
まだ流《は》行《や》ってなかった×ショートパンツに

スタッフ全員から「菊ちゃんそのまんま」
と言われたカット。ホント、そのとおり。

パールのまろやかさと着こなしの
かっこよさのマッチが新鮮。
人気のあったコーディネートです。

Column1

撮影裏話あれこれ……

マリソル初連載・初撮影から1カット。「白が好き」というテーマで、うれしいことに、好きな企画と好きなコーディネート、両方でアンケート1位にもなりました。TINAがまだショートカット。なんだか初々しい。懐かしいです。

f i r s t　s h o o t i n g

モデルのTINAとの初撮影のカット

地面が光って見えるでしょ？　連載の撮影で初めて雨に降られてしまって、トンネルの下に逃げて撮った一枚。だけどその雨が、絶妙にいいムードになってる。どんな状況でも味方につけてしまうカメラマン前田さんの腕はさすがです。

r a i n y　d a y

雨が逆にいい効果になる、そんな撮影マジック

April/2009

October/2009

May/2009

p e n

青山で行方不明になった、モンテグラッパのペン（涙）

大好きなペンだったのに連載の貸し出し中に落としてしまって、探しに戻ったけれど見つからなかった。しかも、このデザインのシャーペン（私はシャーペン派）はもう作ってない。悲しすぎます。それ以来普通のなんでもないペンを使ってます。

p u r c h a s e d　i t e m

思わずお買い取りしたセント ジェームスのボーダー

このカット、そもそもコートもパンツも自分で持っているアイテムでつくったスタイル。TINAが実際に着ているのを見て、やっぱり可愛いな～と（笑）。で、中身のセント ジェームスのボーダーも撮影後に買っちゃいました。

ロケのちょっとした裏話や、愛用アイテムなど、
スタイリスト菊池京子の素顔が垣間見えるエピソードをピックアップ。

この日は朝から撮影していて、でもこのカットのためにスタッフみんなで一杯やりながら、わざわざ夕方まで待ちました。「ターコイズ」のテーマ。一日がかりの撮影になったけど、結果的にすごく素敵なカットが撮れて大満足！

s u n s e t

夕暮れを待って撮った、お気に入りの一枚

August/2009

c h o c o l a t e

ロケバスに欠かせない定番のお菓子

これは朝イチに一気になくなってしまう、撮影隊に大人気の「アルフォート」。チョコレートの甘さとビスケットの塩けが絶妙に、早起きでぼーっとしてる頭と体にしみます。私、お菓子も王道が好きなんです（笑）。

n o t e b o o k

マリソル3年間のいろんなものがつまってます

スケジュールやアイデアが書き込まれた私の㊙ノート３年分。これをプレスルームで取り出すとよく「何そのノート⁉」と突っ込まれます。ハイブランドのものじゃない、本当に普通のノートなので。今回撮影してみたら案外可愛かった。

gray

pink

navy

red

yellow

purple

black

beige

brown

khaki

blue

white

more, more,

coordinate

gray

マウンテンパーカをふだん着に。コート感覚で着る。

グレー×ベージュがすごく好き。素材が軽やかで、着ていて気持ちよさそうなコンビ。

「好きなコーディネート」でその月の１位になってびっくり。
私にとってはベーシックなスタイル。

オール私物のコーディネートです。ミラノコレクションに行った時のもの。
ワンピのすそからチラッとサテンスカートをのぞかせて。

pink

子供のころに遊んだリカちゃん人形みたいな気分のホットピンク。

いつものデニムを、ピンクベージュのパンツにチェンジ。

ジェーン・バーキンも着そうかな、
なんてイメージしながら作りました！

ヨーロッパの島とかでバカンスを過ごして、夕暮れの街に灼けた肌で、
こんなスタイルができたら素敵。

navy

刺繍のカーディガンがどうしても使いたくて探した思い出があります。
最終的にケイタ マルヤマでこのヴィンテージっぽい一着を発見。

連載で、「マフラー」をテーマにした時のもの。
ちょっと学生っぽいトラッドでミニのデニスカを合わせました。

白×黒×グレーに、ネイビーの小物。
アイテムのバランスで、ベーシックカラーがこんなにも新鮮。

ネイビーボーダーに、ネイビーの台形スカート。足もとだけ色をさして。
なんてことないけど、可愛い。

red

いつもならグレーのグラデーションで仕上げるところを、思いきって真っ赤なニットに！
時には色に挑戦してほしくて。

50年代のフレンチシネマに出てきそうな着こなし。

レッド×ネイビーのヴィンテージ配色。
アンサンブルニット×クロップトパンツというアイテム自体はベーシック。色だけで冒険。

ヴァレクストラのエレガントなバッグが、すっごく素敵にきいてる。スタイルは私的な永遠の定番、Gジャン×白T×クロップト。そこに赤のストールをさしたら、こんな感じ。

yellow

92ページの赤いパンツスタイルのイエローバージョン。イメージソースはジャッキー。
白Tとイエローパンツの着こなしをどこかでしていて、すごくかっこよかった。

太陽を着ているような感じ。日射しの下にぴったり。

purple

手ごわいカラーなので、着慣れているアンサンブル×カーゴで自分に引き寄せて着たい。

よくおしゃれな男の人がしてるカラーシャツにホワイトデニムにスリッポン。
それを女性が取り入れても可愛いかなって。

バッグのみパープル。ブラウンとパープルって、とても上品な組み合わせ。

サンドレスのパープルに、ネイビーのストールを合わせて。
この２色は、グラデーション的に見せられる、仲よしの色。隣同士の色っていう感じがする。

black

黒をシャープに、シンプルに着るんじゃなく、トラッドの要素で着たくて提案しました。

こちらはレースをきかせてレトロに。日常に、気軽に着る黒のイメージです。

黒×ベージュ。アイテムを遊んでいるので、
ふだんはフォーマルなムードのこの色もこんなにも軽やか！

レイヤードの提案です。マウンテンパーカもベージュなら品よく着こなしやすい。

b e i g e

ベージュって色みがいろいろなので、実はコーディネートにかなり気を遣うカラー。
これはミルクティー色からのグラデーションの提案。甘いスタイルを、あえてレザーブルゾンで。

素材違いのベージュを重ねて。
サテン、スエード、スウェットのそれぞれの素材を、それぞれのトーンで。

とっても人気の高かったコーディネート。
私自身、このスカートをお買い取りしました。フランス女優のようなムードがあります。

雰囲気は隣のスタイルと同じ。王道の黒、白、ベージュです。

b r o w n

ブラウンはやっぱりミラネーゼのイメージが強い。冬バージョンの着こなし。

夏の終わりに灼けた肌で着たい。

白カーデをプラスして、少し優しい表情になった、夏のブラウンスタイル。

冬スタイルは、大人っぽいスポーティがテーマ。

khaki

強さと〝味〟を感じるカーキだからこそ、力を抜いて、モッズコートで。
モッズコートも、「カーキと言えば」というアイテムのひとつ。

カーキ色のレザースカートを、白いTシャツでさらっと合わせる。

blue

カプリ島に行ったつもりになれるスタイル！
ローション塗りながら灼いて、鮮やかな青い水着で。

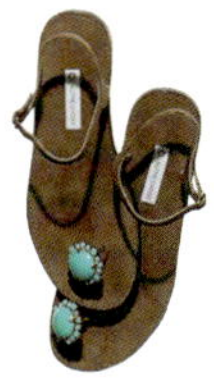

サテンのタンクトップと海みたいなスカート。

ブルーってけっこう、レトロにも着られるんです。これはジャッキー風のレトロスタイル。

こういうビビッドな色のニットは、やっぱりアンナ・カリーナのイメージがある。
もちろん赤もアンナなんだけど。こんなホットなブルーも、彼女のムード。

white

夏のホワイトボトムって、定番的に好きなアイテム。
アメリカンスリーブのシャツを合わせて、夜に予定がある日にもOK。

リゾートで、ちょっといいレストランに行く時なんかに。
白シャツをカシュクールにして、リラックスムードのジャージーワンピを格上げ。

白～グレーへのグラデーションもお気に入りの配色のひとつ。

夏にぴったりのホワイトスカート。甘く着るより大人っぽく仕上げたい。
ブラック＆ホワイトの定番着こなしで。

白いTシャツとクロップトパンツ。いつもの着こなしに、チルデンベストを加えたアレンジ。

リネンのスキッパーをちょっと女らしく、レーススカートに合わせて。

マリソルの３年間

2009年4月号でいきなりコーディネートもテーマも1位に。今まで
マリソルの誌面を彩った人気ページの思い出をダイジェストで。

04/2009

連載第1回「白が好き」。モデル、TINAとの運命の出会い

連載を始める時、マリソルの雰囲気に合って、新鮮なモデルをすごくたくさんオーディションをして探しました。その中でもTINAは本当に、最後のひとりでした。私服はロックな感じで、TINAも若くて、でもどこか品があるのがよかった。あれから、長い付き合いになりました。

11/2009

ヘアアーティストTAKÈさん提案のカーリーヘアがとてもキュート

立教大学のキャンパスを借りて撮影した「GO! GO! ジーンズ」。クラシックでアカデミックな場所で撮影するからこそ、ハマりすぎるシックなヘアスタイルより、イメージを優先しました。ちょっとやりすぎかな、とも思ったけど、TINAの品や着こなしのムードともピッタリでした。

07/2010

マリソル編集部の常識を覆した(!?)伝説のテーマ

当時のマリソル読者はパンツ派が主流で、スカートの企画はなかなか人気コーディネートに入らないのが常識。まあ連載だしやってみるか、ということで企画が通った「ふんわりスカート」は、結果的に大人気に。私は冒険とは思わなかったけど、編集部はすごくびっくりしたそうです。

11/2010

仕掛けを考えて提案した、マリソルで2度目の大特集

この扉も斬新でお気に入り。王道グレンフェルのトレンチコートにシャネルのバッグ。中ページでもトレンチ×ハイブランドを提案しました。このタイトルを見て友人の外国人のだんなさんは「菊池さんてクラシックさん、て名前だったんだ」と言ったそう。そんなわけない(笑)。

03/2011

担当編集Ｉさんの思い入れがつまったラスト企画

この年の連載の最終回。２年間連載を担当してくれた編集部のＩさんは、ここで担当をはずれることが決まっていました。最後は「菊池さんがいつも可愛く着てるから」と彼女がずーっと熱心に推してくれていた、パーカのテーマ。私的着こなしがたくさん登場。思い出深い撮影。

09/2011

扉のイメージ写真を考えるのがすごく楽しかった連載

2011年の連載では、毎号自分の部屋をイメージしてテーマに合う雰囲気の扉写真を撮っていました。カメラマンのJohnさんの本領発揮！　毎回絶妙な空気感を切り取ってくれて、本当に撮影が楽しかった。隣の集合物は、お店のディスプレイをイメージしてつくりました。

11/2011

マリソル初の、ロングインタビュー

何度かやってきた大特集の中でも、企画もページ数も一番大がかり。初のロングインタビューでは撮影に密着取材があったり、口絵ではボッテガ・ヴェネタを取り上げたり。この扉ページの構成もエディトリアルデザイナーの藤村さんに何パターンも出してもらって考えました。

03/2012

終わりじゃなく始まりをイメージした連載最終回

３年続けてきた連載の最終回。このドアは新しい始まりの意味をこめて撮影しました。読者の皆さんから毎回温かいラブコールをいただいた、楽しい連載でした。ラストは私のコーディネートにもたくさん登場するパールをテーマに。やっぱり締めくくりは王道で。

心が動き出す小さな〝きっかけ〟になれたら嬉しいです。

そして、
旅は続くのです

Kyoko Kikuchi

単行本を作ろうということになって最初にしたのは、約3年分の連載と特集をファイルブックにまとめてもらうこと。大型ファイルブック3冊分のコーディネート。それをスタッフと一緒にめくりながら、どんな再編方法がいいのか考えていてふと「色」っていう切り口も楽しいかもしれないと思いました。色と気分という切り口でコーディネートを見直してみると、自分では無意識に作っていた着こなしに、確かに色ごとに通じる同じムードが見つかったりもして、思わぬ発見がたくさんありました。ファッションの楽しみ方はいろいろ。この本では、そのうちのひとつとして色というキーを、私なりの感じ方で紹介しています。毎日に、何か違ったエッセンスが欲しくなった時、この本をめくってみてください。

最後にすべてのスタッフと、なによりこの本を手に取ってくださった皆さんに感謝します。皆さんがいたから、この本は生まれました。気分を変えたい時、自分らしくいたい時、行きづまった時……人生のいろいろな瞬間に、この本が〝きっかけ〟になれたらうれしく思います。

Shop List

撮影協力リスト
この本の写真はマリソル2009年４月号〜2012年７月号に掲載分をまとめたものです。
商品は一部のものを除き、現在では取り扱いがございませんので、問い合わせは、ご遠慮ください。
会社名・ブランド名は2012年10月現在のものであり、変更になる場合もありますので、ご了承ください。

ADORE
AHKAH couture maison
ANAYI
Bshop 二子玉川店
D_MALL神宮前店
F.E.N.
F.O.B COOP 青山店
Gapフラッグシップ原宿
MUJI東京ミッドタウン
SANYO SHOKAI(ポール・スチュアート)
SOULEIADO自由が丘店
TASAKI
TOMORROWLAND
VF ブランズ アジア インク
YOKO CHAN
αA

アイ・エム・アイ
アスペジ・ジャパン
アニヤ・ハインドマーチ ジャパン
アパルトモン ドゥーズィエム クラス 事業部
アマン
アルアバイル
アングローバル(マーガレット・ハウエル)
アングローバルショップ 表参道
アンテプリマジャパン
イデーショップ 東京ミッドタウン店
ヴァルカナイズ・ロンドン
ヴァレクストラ・ジャパン
ウィム ガゼット丸の内店
ウィム ガゼット ルミネ新宿店
ウールン商会
ウノアエレ ジャパン
エィス
エージー ジャパン
エストネーション
エリオポール表参道
オフィス・ヴィタリテ
オプティカルテーラー クレイドル 青山店
オンワード樫山
カイタックインターナショナル
カメイ・プロアクト
ガラージュ ドゥ アパルトモン
カルティエ
キートン
ギャルリー・ヴィー 丸の内店
銀座かねまつ６丁目本店
クリスチャンルブタン ジャパン
ケイタ マルヤマ 青山
ケイト・スペード ジャパン
コロネット(アキラーノ・リモンディ、アバティ、ラーレ)
コンバースインフォメーションセンター
ザ・ノース・フェイス原宿店
サフィロジャパン
ザラ・ジャパン
シェトワ 丸ビル店
シチズンズ オブ ヒューマニティ
シップス 有楽町店
シャネル アイウエア事業部
シャンテクレール東京
昭和西川(マイー)
ジョンブル
スープリームス インコーポレーテッド
スカイ ビジュアル ワークス(グラフィット ランチ)
ストラスブルゴ
スリードッツ代官山アドレス店
スローウエアジャパン
清美堂真珠
セント ジェームス代官山店
タイ・ユア・タイ 青山
チェルキ
デ・プレ 丸の内店
ディ クラッセ/アオイ
ティファニー アイウエア事業部
ティファニー・アンド・カンパニー・ジャパン・インク
デペッシュモード
ドゥーズィエム クラス 青山店
ドゥーズィエム クラス 丸の内店
ドゥーズィエム クラス ラリュー
東レ・ディプロモード
ドゥロワー 青山店
ドゥロワー 日本橋三越店
ドゥロワー 丸の内店
トッズ・ジャパン
ドレステリア 神南本店
ドレステリア 丸の内サロン
ドレステリア 六本木
トレ トレ 青山店
ナイツブリッジ・インターナショナル
（オールド イングランド、ハロッズ）
日本ロレックス
バーニーズ ニューヨーク銀座店
バーニーズ ニューヨーク新宿店
バーバリー アイウエア
バーバリー・インターナショナル
バーバリー表参道
ハイブリッジ インターナショナル
バナナ・リパブリック
パピヨネ 銀座
ハム 伊勢丹新宿本店
バラタ
バリー・ジャパン
ハリウッド ランチ マーケット
ビアズリー 自由が丘店
ビークス
ビューティフル ピープル 青山店
ファビオ ルスコーニ 大阪店
ファビオ ルスコーニ 六本木店
フェド&ビヨンド
ブッテロ トーキョー
フランクウィーンセンス 青山本店
フレックス・ファーム
平和堂貿易
マスターピースショールーム
マッキントッシュ ジャパン
マルコリン ジャパン
ミキモト
ミラリ ジャパン(プラダ、ミュウミュウ、レイバン)
メイデン・カンパニー
八木通商
ヤマツゥ
ユナイテッドアローズ 原宿本店 ウィメンズ館
ランド オブ トゥモロー 丸の内店
リーバイ・ストラウスジャパン
リーミルズ エージェンシー
リュー・ジョー 日本橋髙島屋店
リラクス
リンク・セオリー・ジャパン
ルック ブティック事業部
レナウン プレスポート
レミネンス 東京
ロンシャン・ジャパン
ロンハーマン
ワンドコーポレーション

菊池京子
きくち・きょうこ●気のきいたベーシックスタイルから、トレンドのコーディネ--トまで、
幅広いスタイリングでリアルクローズの魅力を最大限に引き出す大人気スタイリスト。
女性誌や広告を中心に活躍し、掲載されたアイテムは次々に完売するなど
いくつもの逸話を持つ。プライベートなコーディネートを公開する
ウェブサイト「K.K closet」も人気。http://kk-closet.com/

Staff list
表紙　撮影／John Chan
取材・文／岡崎直子
デザイン／藤村デザイン事務所
本文　撮影／John Chan　P.6、12、20、26、30、34、38、44、56、62、68、74～75、78～123
前田 晃　P.8～9、11、14～17、19、22～25、28～29、33、36～37、40～41、43、46～49、52～55、58、60～61、64～66、70～71、73
平井敬治　P.10、18、59
野口貴司（サンドラゴ）P.32　曽根将樹（ピースモンキー）P.42、67、72　Massi Ninni　Francesco Dolfo

ヘア＆メイク／yoboon（coccina）、TAKÈ for DADA CuBiC（3rd）　小林 懸（glams）　KINUKO　OSSAMU（image）
モデル／TINA　内田ナナ　サンドバーグ直美

---

colors
スタイリスト菊池京子
12色のファッションファイル

発行日　2012年10月11日　第1刷発行
　　　　2012年10月27日　第2刷発行

著　者　菊池京子

発行人　石渡孝子

発行所　株式会社　集英社
　　　　〒101-8050　東京都千代田区一ツ橋2の5の10
編集部　03-3230-6390
販売部　03-3230-6393
読者係　03-3230-6080
印　刷　大日本印刷株式会社
製　本　ナショナル製本協同組合

ISBN978-4-08-780648-9